Cursive Handwriting Workbook For Kids:

Baby Professor Edition

SPEEDY
PUBLISHING

Speedy Publishing LLC
40 E. Main St. #1156
Newark, DE 19711
www.speedypublishing.com

Copyright 2015

All Rights reserved. No part of this book may be reproduced or used in any way or form or by any means whether electronic or mechanical, this means that you cannot record or photocopy any material ideas or tips that are provided in this book

Aa

Apple

Aa Aa Aa Aa Aa

Aa Aa Aa Aa Aa

Bb

Balloon

Bb   Bb   Bb   Bb   Bb

Bb   Bb   Bb   Bb   Bb

Cc
Cat
Cc   Cc   Cc   Cc   Cc
Cc   Cc   Cc   Cc   Cc

Dd

Dog

Dd Dd Dd Dd Dd

Dd Dd Dd Dd Dd

Ee

Elephant

Ee Ee Ee Ee Ee

Ee Ee Ee Ee Ee

Ff
Fox

Gg

Giraffe

Gg Gg Gg Gg Gg

Gg Gg Gg Gg Gg

Hh

Honey

Hh Hh Hh Hh Hh

Hh Hh Hh Hh Hh

Ii
Igloo
li   li   li   li   li
Ii   Ii   Ii   Ii   Ii

Jj
Jam
Jj   Jj   Jj   Jj   Jj
Jj   Jj   Jj   Jj   Jj

Kk
Kite
Kk Kk Kk Kk Kk
Kk Kk Kk Kk Kk

Ll
Lion
Ll Ll Ll Ll Ll
Ll Ll Ll Ll Ll

Mm

Monkey

Mm Mm Mm Mm Mm

Mm Mm Mm Mm Mm

Nn

Nail

Nn Nn Nn Nn Nn

Nn Nn Nn Nn Nn

Oo
Owl
Oo Oo Oo Oo Oo
Oo Oo Oo Oo Oo

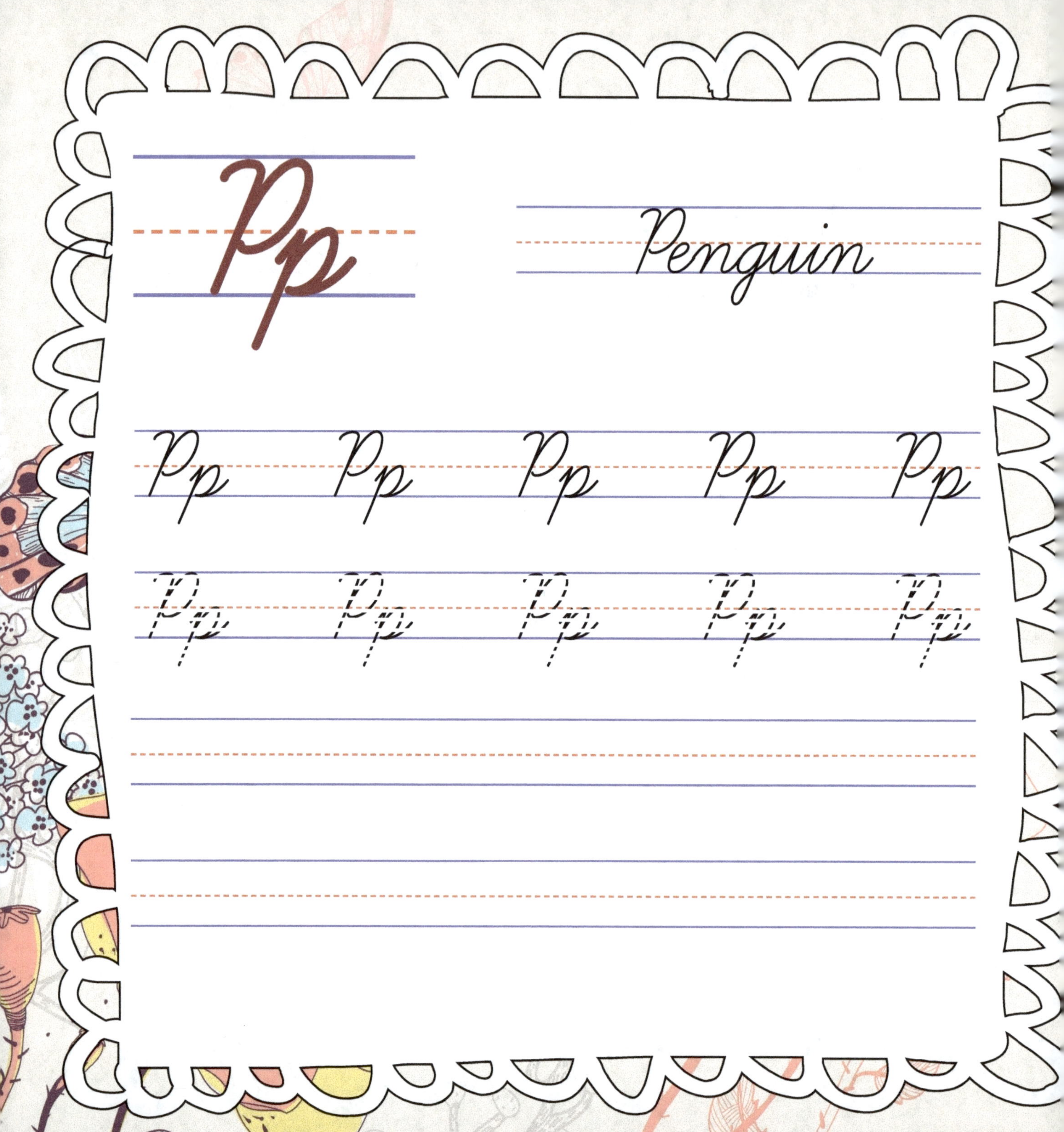

Pp
Penguin
Pp   Pp   Pp   Pp   Pp
Pp   Pp   Pp   Pp   Pp

Qq

Queen

Qq   Qq   Qq   Qq   Qq

Qq   Qq   Qq   Qq   Qq

Rr

Rainbow

Rr Rr Rr Rr Rr

Rr Rr Rr Rr Rr

Ss
Snail
Ss   Ss   Ss   Ss   Ss

Tt

Telephone

Tt   Tt   Tt   Tt   Tt

Tt   Tt   Tt   Tt   Tt

Uu
Umbrella
Uu   Uu   Uu   Uu   Uu
Uu   Uu   Uu   Uu   Uu

Vv
Violin
Vv   Vv   Vv   Vv   Vv
Vv   Vv   Vv   Vv   Vv

Ww

Worm

Ww Ww Ww Ww Ww

Ww Ww Ww Ww Ww

Xx
Xylophone
Xx Xx Xx Xx Xx
Xx Xx Xx Xx Xx

Yy

Yoyo

Yy Yy Yy Yy Yy

Zz
Zebra

Practice Writing Months
January
February
March
April

May
June
July
August

September
October
November
December

www.ingramcontent.com/pod-product-compliance
Lightning Source LLC
Chambersburg PA
CBHW081243130726
47997CB00009B/2988